髙須 力 写真
岩本勝暁 文

夢を跳ぶ。

寺島武志、セパタクローに生きる

はじめに　強さは優しさである

２０１０年。冬。

北千住の瀟洒な喫茶店では、地元マダムのおしゃべりが続いていた。だだっ広いフロアの一番奥は、そこから死角になっている。寺島武志はソファに深く腰を沈め、テーブルに両肘をついたまま手で顔を覆っていた。

店内にはジングルベルの軽快なメロディ。わずかに残ったグラスの氷が、カラリと音を鳴らす。嗚咽が漏れていた。

悔しいと言ったらあれですけど……。かすれるような声を絞り出した。

「広州にいる間は、母の死を受け入れている部分と非現実的な部分の両方があったんです。でも、帰国して母にメダルを報告した時は、思い切り現実感のほうを食らいましたね。メダルを首にかけてあげたら、どんな表情を見せてくれたんだろう。どんなことを言ってくれたんだろう。その反応が見たかったたし、それができないことが悲しかった」

中国の広州で行われたアジア大会の直後だ。小さなテーブルを挟んで聞いていたスポーツライターも泣いていた。

強さは優しさである。そのことを、彼から教えてもらった。

「この男の生き様を形にしたい。お母さんが生きた証を残したい」

そう心に誓った。

あれから8年が過ぎようとしている。

旧知の写真家、高須力がセパタクローの写真展を開くという。これに乗っからない手はない。なにしろ、彼にセパタクローを教えたのは僕だ。「カワイイ子がいるから撮りにおいでよ」。もはや記憶の片隅にも残っていないが、それが殺し文句だったらしい。

一緒にタイの中部にあるロッブリーまで取材に行った。屋台でパクチーを抜いたフォーをすすり、焼き鳥とシンハービールに舌鼓を打った。それ以降も、彼は単独で何度もタイに渡航している。持ち前のバイタリティーでどんどんセパタクローの世界に食い込んでいった。

彼の写真には、セパタクローのリアルがある。

プラスチックのボールが壁に押しつぶされる音。床がコンクリートで敷き詰められた田舎町のコートの匂い。ボールを追う選手達の熱量——。写真の一枚一枚から、文字では表現し切れないそれらが伝わってくる。

そして、セパタクローから教わったのは、継続することの大切さだ。寺島はインタビューの中で、こう言っている。

「仮にアジア大会で金メダルを獲ったとしても、それですべてが満たされるわけではありません。その先がある。大事なのは、セパタクローをたくさんの人に知ってもらい、実際にボールを蹴る人を増やすこと。アジア大会は、さらに明るい未来のための通過点にしか過ぎないんです」

そう。未来は明るい。

この本が、夢に向かって走り続ける人達の一助となりますように。

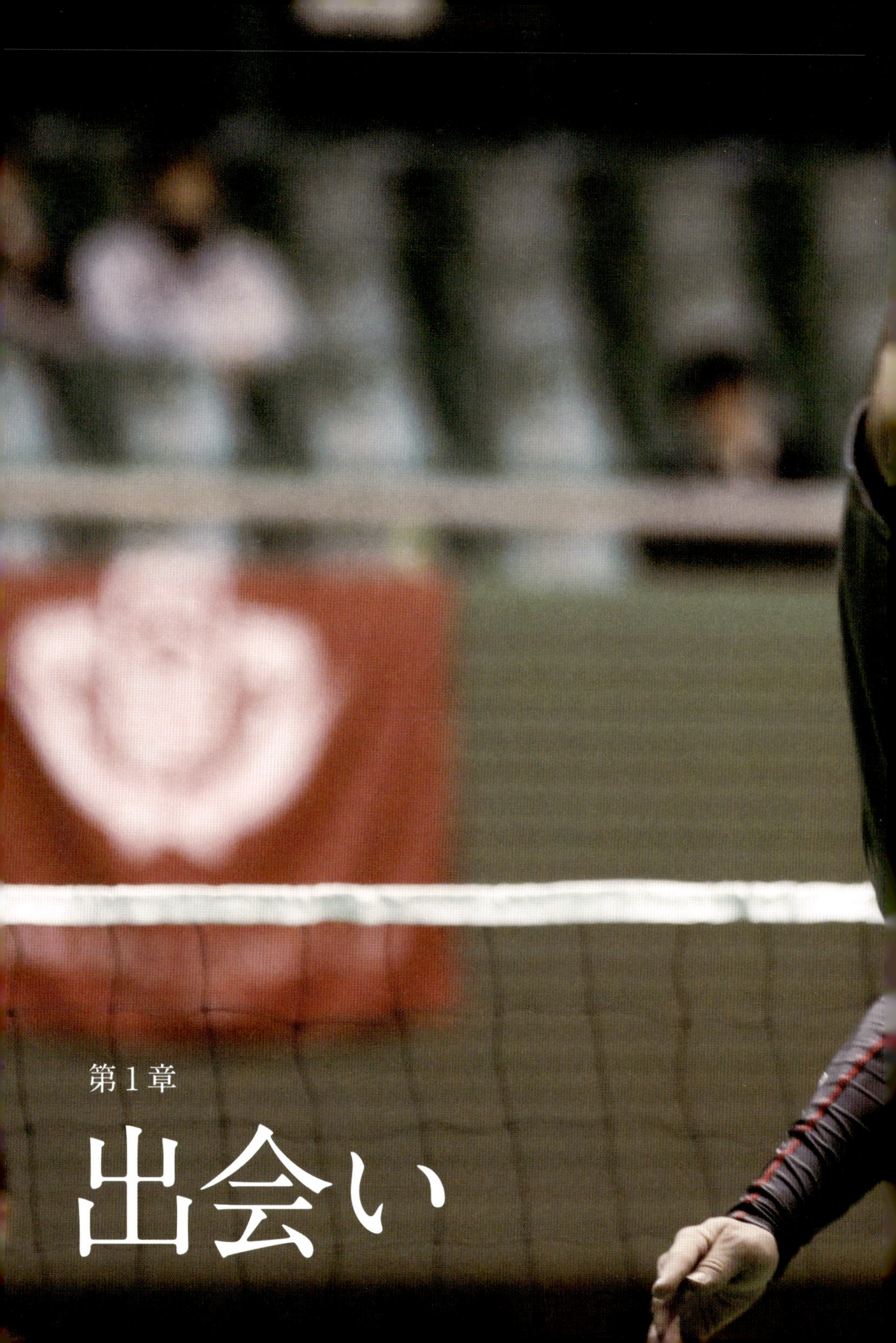

第1章

出会い

10

MARATHON

MARATHON
Gate

MARATHON

日本代表へ

プラスチックの軋む音が聞こえてくる。
シャン……、シャン……、シャン……。
キャンパスの中庭にある薄暗い渡り廊下。一定のリズムを刻むその音の正体は、ソフトボールを少し大きくした黄色い球体だ。それを4、5人が輪になって蹴り合っている。
「一緒にやろうよ」
一人が声をかけてきた。断る理由はない。その輪に加わると、なるほど、確かに蹴り心地はよかった。プラスチックが重なることで生まれる弾力。柔らかさの中に特有の硬さがある。中は空洞になっていて、芯を捉えると球の重みを感じることができた。
大学1年の時、それが、出会いだった。

寺島武志は日本代表メンバーの一員である。
競技はセパタクローだ。プラスチックの繊維を編んだボールを使う。コートの大きさはバドミントンと同じ6・1メートル×13・4メートル。アタッカー、トサー、サーバーの3人で構成されたチームをレグと呼び、ネットを挟んで3タッチ以内で相手コートにボールを返す。バレーボールに似ているが、腕と手が使えないこと、一人が連続してボールに触れてもいいことが異なる。
ネットの上では、足と足が交錯するほど相手と接近する。その激しい攻防から、

「空中の格闘技」と呼ばれることもある。

寺島のポジションはアタッカー。肉体のベースは小学3年から始めたサッカーで磨かれた。荒川の河川敷で夢中になってボールを追いかけた。チームの得点のほとんどを一人で取った。生粋のストライカーである。

身長167センチ。けっして大柄ではないが、敵を蹴散らす強靱な筋肉を持ち合わせていた。戦いの場をセパタクローに移しても、バネを生かしたジャンプ力と高い技術は日本人の中でずば抜けていた。

アタックについても説明しておこう。大きく分けて2つある。1つは、サッカーのオーバーヘッドキックのように、宙返りしながら頭上でボールを蹴るローリングアタック。高さとパワーがあり、一番の花形だ。本場タイの選手になると、バスケットゴールのリングに足が届くという。

そして、もう一つのシザースアタックは、ネットを背にして跳び上がり、足を〝ハサミ〟のように交差させてボールを蹴る。ネットに近いところから打てるので、相手のブロックを揺さぶりたい時に効果を発揮する。

この2つのアタックを、寺島はいち早く自分のものにした。

「ローリングは当時、できる人がすごく少なかったんです。同期が昼休みに、天井からぶら下げたボールを蹴って『こんなふうにやるんだよ』と見せてくれた。それが最初ですね。真似をするようになって、2週間くらいでできるようになりました。当時はけっこう驚かれましたよ」

元来の気質が目立ちたがり屋である。

「セパタクローだったら、日本代表になれるかもしれない」

動機としては、それだけで十分だった。夏休みの終わりにはサッカー部を辞め、セパタクローに専念。たちどころに頭角を現した。学生大会で注目を集めると、すぐに日本代表の選考会に呼ばれた。タイで開催される世界選手権——キングスカップのメンバーに選ばれ、驚異的なスピードでトッププレーヤーまでの階段を駆け上がっていった。

大学では、昼休みや授業がない時間もボールを蹴るようになった。体育館が使える時は、ネットを張って仲間と一緒に練習に励んだ。

もっとも、クラスが違えば、空き時間が合わないこともある。誰もいない体育館でも、校舎の隅っこでも、時間さえあれば一人でボールを蹴っていた。

夜は焼肉屋でバイト。22時から翌朝の5時まで拘束された。大学の1時限目が9時からだから、7時には家を出ないといけない。一瞬だけ寝て、すぐに起きる。自宅がある東京の足立区から横浜の青葉台まで行き、授業中は腕を枕にして眠った。そして、空いた時間があれば、またボールを蹴った。

週末になると、他の大学の練習に飛び入りで参加した。当時のセパタクローにはそういう文化があった。練習する場所が少なかったから、それぞれのチームが持っている練習場所をシェアして使っていたのだ。

バンドに明け暮れた日々もある。ギターを弾いて、多い時で月に5本以上のライブをこなした。ツアーを組んで地方に行くこともあった。

楽しい時間は瞬く間に過ぎていった。辛いとか苦労だと思ったことはない。何しろ体力は有り余っていた。ここから本人談。「すげえ忙しかったのと、すげえ金がなかった」。腹を抱えて笑った。

日の丸がついたユニフォームに袖を通せば、それなりに身の引き締まる思いはした。誇りもある。なのに、遠征費は自腹。ユニフォームを揃えるのも身銭を切っていた。キングスカップに行けば、結果を出すことよりも、どこか自分を試す武者修行の意味合いの方が強かった。まだセパタクローに関わる人が少なかった時代である。誰かに応援されているという感覚さえ希薄だったかもしれない。直接的な支援も、親のすねをかじってばかりいた。

とにもかくにも、セパタクローが中心の生活だった。

それでも、人生は明るかった。愚痴を言うことはあっても、不満はなかった。やりたいことがあって、共鳴してくれる仲間がいる。それだけで満ち足りていた。

目の前の階段を、どこまでも昇っていけそうだった。

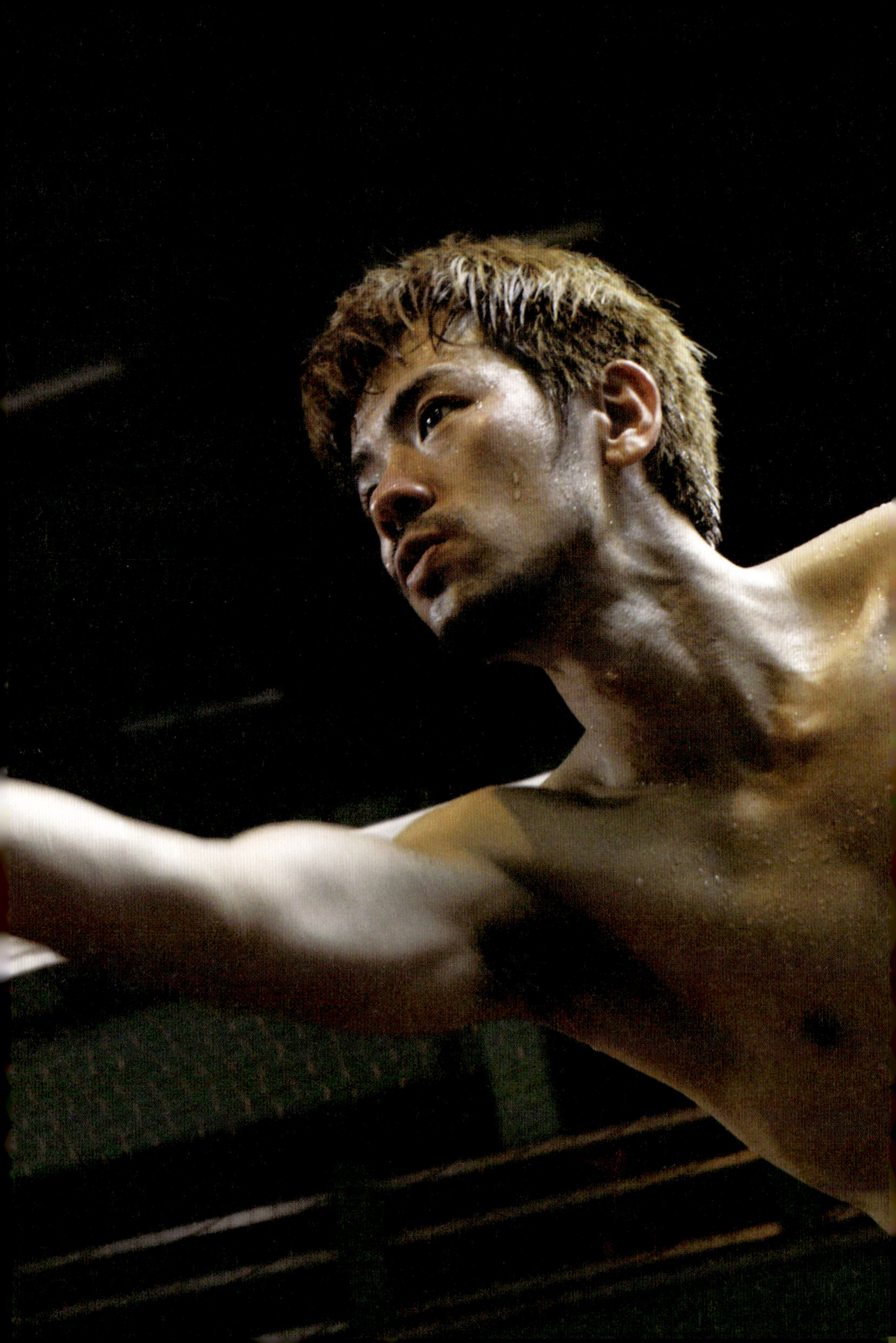

第2章

タイ修行、そして仲間

KRITSANA

fútbol.

SVOLME

ANYTIME FITNESS
ReaLine.

微笑みの国には、お互いを思いやり、支え合う文化がある。セパタクローの王国タイ。サッカーにおけるブラジルがそうであるように、セパタクローにとっては母国でもある。国際大会のタイトルは総なめ。男女ともに比類なき強さ。街のいたるところにセパタクローのコートがあり、学校帰りの子ども達が夕暮れ時になるまでボール遊びに興じている。

2011年、寺島はタイのプロリーグに参戦した。バンコク郊外のチョンブリに拠点を置くチームだ。

洗礼を浴びた。言葉が理解できず、チームの輪に加わることができなかった。わざわざタイまで観光しに来たわけではない。勝負しに来たのだ。それなのに、ただの〝お客さん〟として扱われているのではないか。そう感じることが何度もあった。相手の顔色を伺いながら生活することに息苦しさを覚えた。チームワークなんて到底、感じることはできなかった。

経験は財産だ。わかってきたことがある。自分のことを知ってもらうには、相手の懐に飛び込んでいかなければいけない。必要なのはちょっとの勇気。自ら心を開いて相手と向き合うことで、徐々に距離が縮まっていった。

シンプルに、チームメートと一緒にいる時間を長くした。タイ語を操れるようになったことも大きい。酒の席にも積極的に加わった。興味がなくても、懸命に会話に入っていった。愛想笑いも覚えた。相手が自分をリスペクトしてくれていると感じる瞬間が増えた。自らの手で、自分の居場所を切り拓いていったのだ。

必要なのはちょっとの勇気

2017年にコンケーンでプレーするまで、4チームを渡り歩いた。チームメートになった選手達は、自分のことを仲間だと思ってくれるようになった。わざわざ電話をかけてきて心配してくれるコーチもいる。
「日本代表がタイに行くから合宿をさせてくれないだろうか」
「練習試合の相手を探しておいてほしい」
多少のムチャ振りも、文句一つ言わずに応じてくれる。
いつだったか、日本代表の練習場所を用意してくれたお礼に、現金を渡そうとしたことがあった。親しき仲にも礼儀あり。そう思ったからだ。だけど、彼らは用意したお金を受け取らなかった。
「ここはお前の家なんだ。何も気にしなくていいんだよ。何かあったらいつでも使ってくれ」。そう言って微笑むのだ。
そんな温かさが、タイにはある。

夢は一人では叶えられない。そのことを、身をもって感じている。楽しい時、辛い時、そばにはいつも仲間がいた。仲間がいたから頑張れた。
仲間って何だろう。子ども達に問うことがある。そんな時、寺島はいつも中学生時代の経験を引き合いに出す。
入っていたサッカークラブは都内でも有数の名門クラブだった。これまで数多くのJリーガーを輩出している。寺島が中学3年の時には、全国優勝を果たした。日本一の栄冠を勝ち取ったのだ。
しかし、その大会のピッチに寺島は立っていない。中学2年の頃からベンチを温める機会が続いていた。
自分に置き換えて考えてみてほしい。チームは優勝した。でも、その試合には出られなかった。素直に喜べるだろうか。
「悔しい」
「喜べない」
「自分の力を認めてもらえない」と、チームを離れる人がいるかもしれない。子ども達に訊くと、そんな答えが返ってくるという。だが、寺島の答えはちょっと違う。
「すごく嬉しい」だ。
なぜなら同じ目標に向かって一緒に戦ってきた仲間だから。同じ釜の飯を食い、時には起居を共にし、かけがえのない時間を共有してきた。チームは一つだった。だから、試合に出て戦ったチームメートを心の底から讃えた。
さらにもう一つ質問を投げかけてみる。
自分は試合には出られない。ベンチにも入れなかったとする。だからといって、チームは負けてもいいのかい？
「チームは勝った方がいい」
「負けてほしくない」

本心だろう。試合に出ている人がどうして100パーセントの力を出せるかと言ったら、それは控えの選手がいるからだ。支えてくれるスタッフやコーチの存在も大きい。

すべての人に役割はある。試合に出るのは、その一つにしか過ぎない。相手を分析して、それを仲間に伝える役割がある。痙攣したチームメートの足をマッサージしてもいい。声を枯らして応援することのなんと尊いことか。

「夢を叶えたい時に、一人の力では何もできません。チームスポーツの場合、それがより顕著です。たとえ試合に出ることが自分の役割じゃなくても、別の役割を見つけてきて頑張れば、チームが日本一になる手助けはできます。僕自身がそうでしたから」

セパタクローは個性が表れやすいスポーツだ。一人だけ上手くてもダメだし、二人が上手くてもアタックが決まらなかったら結局は勝てない。仲間の弱点を補い、長所を伸ばす。するとチームの力は何倍にも増幅する。

大事なのは、全員が同じ方向を向くこと。つまりは、ベクトルである。

セパタクローが好きで、セパタクローがやりたくて、セパタクローが上手くなりたい仲間が集まってきた。はじめは数人だったその輪は、どんどん広がっていった。みんなピュアだった。

共に歩む仲間がいたから、自分の居場所を見つけることができた。

SVOLME

第3章

家族

3

BABYBJÖRN
BABYBJÖRN

帰る場所

2010年晩秋。
時計の針が真上で重なり、日付が11月8日に変わったことを告げた。中国の広州で開催されるアジア大会まであと4日。チームは翌日の――、正確にはこの日の夕方に集合して品川のホテルに宿泊し、他の日本選手団と一緒に経由地の香港に向けて出発する予定だった。部屋の隅には、膨らんだスーツケースが置かれている。シルバーのボディには、日の丸と五輪マークのステッカーが誇らしげに貼られていた。
準備は整っていた。目標にしてきたメダル獲得の自信もあった。
ベッドにもぐりこみ、部屋の明かりを消した。その時だ。携帯電話の着信音が静寂を打ち破った。一抹の不安を受け入れる間もなく、通話ボタンを押した。
(落ち着いて聞いてほしい)
漆黒の向こうで、父の声は震えていた。
着の身着のままタクシーを捕まえて、荒川区の病院まで走らせた。20分程度の時間がとてつもなく長く感じられた。同じタイミングで到着した兄と合流し、受付を目指して走り出す。集中治療室の前で待っていたのは、電話をかけてきた父だった。扉の向こうにいる母は、すでに意識が混濁しているという。
腸に繋がる動脈に血栓が生じ、内臓の機能が低下していた。血栓を取り除く手術は3日前に受けたばかりである。それは成功した。しかし、容体は深刻な状況に陥っていた。これまで3度の癌に耐えてきた体は、もはや限界に達していたのである。
あとはどれだけ存命できるか――。残酷な現実が、父の口から告げられた。
記憶は今も鮮明だ。当時、寺島は28歳だった。
通夜と葬儀を終えて母を見送り、開会式の翌日に羽田空港にたどり着いた。バッグの中には母の写真と愛用していた眼鏡、そして病院で使用していたタオル。ジャージのポケットにアルバムを入れ、タイムアウトのたびにそれを握りしめた。体は憔悴していた。だが、いざ試合が始まると、それまで経験したことのない冴えを見せた。
「他のメンバーよりも調整時間は短かったし、正直、どうなるかわからないという不安もありました。でも、初日の調子がすごくよくて。たぶんあの試合、アタックを1本もミスしてないんですよね。そういう部分でも母がすごく力を貸してくれたような、そんなふうに感じていました」
3人制のレグ団体で銅メダルを獲得した。日本セパタクローの歴史に新たな1ページを刻んだ瞬間だった。
もうすぐ36歳になる。2017年に結婚した。2歳下の妻との出会いはフットサルだった。付き合いが始まった頃から、セパタクローのことを知っていた。毎年のように日本を離れ、タイのプロリーグで3カ月以上を過ごすことも理解していた。おそらく自分で調べたり、周りの人から聞いていたのだろう。

「離ればなれになることもあるんだよね」
自分から話をする前に、そう切り出された。妻も覚悟をしていたのだ。だから、結婚したからといってセパタクローの位置付けが自分の中で変わるようなことはなかった。
その年の終わりに長男が誕生した。新たに生まれた命を抱くと、不思議な感覚で、純粋に嬉しかった。
正直なところ、子どもが妻のお腹にいる間は、あまり現実味がなかった。もちろん、子どもを授かったという覚悟はあったし、一生懸命イメージしてみた。でも、実際に生まれてみないと何もわからない。そう思っていた。
感慨に浸ったのは、息子と初めて対面した時だ。
「この子は、俺がこれまで歩んできた人生のことを、何も知らないんだろうな。だったら、それがわかる年齢になるまでは見せ続けたい。俺がプレーしているところなのかはわからない。ただ、大きくなってママから『パパは実はね……』と聞かされるよりも、自分の目で見てなんとなく覚えていて、もう少し大きくなった時に、俺が載っている新聞なんかを見てその記憶と結びつけばいい」
そうすれば、父親としてかっこいいかもしれない。自分でも夢を持ったり、やりたいことを見つけてくれたらいいと思っている。
母を憶い、父を誇り、妻を愛おしみ、息子を慈しむ。
家族って何だろうか――。

「ありきたりだけど、自分が帰る場所なのかな。そう思っています。家でベラベラしゃべるタイプでもないけど、それでも落ち着く場所だし、家族と一緒にいるだけで安心できる。子どもはまだ落ち着かせてくれないですけどね。でも、やっぱり顔を見たい。そう思う気持ちは以前よりも強くなりました」

母の死で感じたことがある。感謝の気持ちはその場で表しておかないと後で後悔する、ということだ。

母にはたくさんの愛情を注いでもらった。セパタクロー選手としての競技生活を全面的にバックアップしてくれた。なのに、面と向かってありがとうと言ったことがない。照れもあった。20代も半ばに差し掛かった頃だ。「そろそろ親孝行でもしなきゃな」。母が病に倒れたのは、そう思った矢先のことだった。

「アジア大会があるから見においでよ」

ようやく口に出して言えるようになった。旅費はすべて自分が出すつもりだった。嬉しそうに「行く」と言ってくれた顔を今でもよく覚えている。だが、それは叶わなかった。

だから、これだけは言える。

母が応援してくれたセパタクローを、しっかりやり遂げたい。その芯の部分は強くなった。

JAPAN
3

第4章

夢を跳ぶ

～アジア大会2018～

nbang 2018
용정보

Jakarta Pale
Grab

mandi
13

Palembang 2018
Jakarta Palembang 2018
JAPAN
7
8
8
JAPAN
SEPAK TAKRAW

JAPAN
3
ATAR
AIRWAYS

MARATHON
361°

PALEMBANG • INDONESIA
ENERGY OF ASIA

Jakarta Palembang 2018

ニッポンの勢いが止まらない。

２０１８年8月24日、第18回アジア競技大会。スマトラ島の南部に位置するパレンバン。ムシ川にかかるアンペラ橋。朝は礼拝を呼びかけるアザーンとともに目を覚ます。むせ返りそうなガラムの匂い。うんざりするほどの車、車、車、そしてクラクションのノイズ。タクシードライバーが呟いた。

「Ｔｈｉｓ ｉｓ Ｉｎｄｏｎｅｓｉａ」

この日、ジャカバリン・スポーツシティでは、ダブル団体の1次リーグ最終戦が行われていた。

1セットアップで迎えた第2セット。日本は中盤に6連続得点を奪い20－10とリードを広げていた。つまり、あと1点を取ればこの試合の勝利が決まる。コートに立っているのは寺島と佐藤翼、3チームが出場する団体戦の3チーム目だ。

1チーム目の高野征也、内藤利貴はストレートで勝った。2チーム目に登場した佐藤優樹、小林裕和は善戦したものの1－2で惜敗。リザーブの増田稜は途中出場で起死回生のサービスエースを決め、山田昌寛もブロックで相手のスパイクを止めている。ローリングアタックの林雅典も、チームに流れを引き寄せた。

チームを統率したのはコーチの飯田義隆だ。彼がいなかったら、日本の快進撃はなかっただろう。同じコーチの矢野順也もチームが最高の状態で戦えるように奔走した。トレーナーの越田専太郎、末吉祐介もチームに安心感を与えた。

最終選考で9名のメンバーから漏れながら、日本で最後まで練習相手になって

まだ夢の途中

くれたチームメートがいる。対戦相手を分析し、それぞれのプレーを数値化したデータを日本から送ってくれた仲間もいた。他にもたくさんのサポートがあった。誰か一人でも欠けていたら、ここまでたどり着くことはできなかった。

「俺達の試合で1次リーグ突破とメダル獲得が決まるなんて、こんなに幸せなことはない。思い切り楽しもう」

翼と目を合わせた。

あと1点――。

フィリピンのサーブで試合が再開された。翼が蹴り上げたトスが、空中にふわりと浮く。ネット際に落ちてくるそのボールを目がけて寺島が跳んだ。スパイクが相手ブロックの横をすり抜けてコートを叩く。21－10。日の丸が揺れるスタンドから絶叫が響いた。日本の勝利と同時に、銅メダル以上が確定した。

「嬉しいです。率直に言うと、安心したという気持ちもあります。すごいプレッシャーというか、ここで負けていたら表彰台にも立てなかったですから。でも、チーム状態がすごくよくて、安心してコートに立っていました。インドネシアとの初戦から試合を重ねるごとによくなっている感触があって、勝つところまで突き進んでやろうという気持ちでしたね」

勝って泣き笑い。日本のベンチに歓喜の輪が広がった。

セパタクローの男子日本代表――『猿飛ジャパン』は、2つのメダルを獲得した。ダブル団体で銅メダル、そして、4対4で戦う新種目のクワッドでは銀メダルに輝いている。

特にクワッドは初戦でホスト国のインドネシアに敗れたものの、見事に巻き返して過酷な1次リーグを抜け出した。目標の金メダルには届かなかったが、日本でセパタクローの歴史がスタートして30年、主要国際大会でファイナルに進出したのは初めての快挙である。

濃密な2週間だった。100パーセントの力を出し切った。現地まで足を運んでくれた父、妻、息子には感謝の気持ちでいっぱいだ。形に残るもの——、メダルを持ち帰れたことが何よりも嬉しい。

帰国した寺島のSNSには、祝福のコメントが相次いだ。その一つひとつに、丁寧に返事を書いている。

セパタクローのナンヤンシューズに足を通して17年、ずっと自分の居場所を探してきた。ポジティブな道のりだ。もちろん、節目には辛いことや悔しいこともあった。だからと言って、それが苦労だなんて思ったことはない。

礎を築いてきた先達の存在もあった。彼らがいたから今がある。それは紛れもない事実だ。長い年月をかけて積み上げてもらった石段の上で、さらなる高みを眺めることができた。目の前の扉を開けると今よりも明るい景色があって、また階段を一歩一歩昇っていく。

日本のセパタクローは一つ上のステージに上がった。夢でしかなかった金メダルも見えてきた。はっきりと。そこを目指す価値は十分にある。
まだ夢の途中だ。4年後のコートに立っているか。現時点ではわからない。若手の台頭も顕著である。その時が近づいてくれば、自分にできる役割でチームに貢献できればいい。自分が夢中になってやっていることで、人に感動を与えられる。そんな素晴らしいことはないじゃないか。

日常が戻ってきた。
朝。
起きたら会社に行き、仕事が終わったら練習に行く。夜は、息子と一緒にお風呂にでも入ろうか。もしかしたら、布団にくるまって寝息を立てているかもしれない。それでも構わない。寝顔を見るだけで、疲れも吹き飛ぶだろう。
父として――、この子が夢を持った時に、それを全力で応援できる準備をしておきたい。自分がそうしてもらったように。
そんな幸せのカタチも、きっとあるはずだ。

寺島武志 Takeshi Terashima

1982年、東京都出身。阪神酒販Dee's TC所属。小学校から高校までサッカーに打ち込み、中学3年時に三菱養和SCで全国優勝を果たす。日本体育大学に入学後、セパタクローに転向。競技歴半年で日本代表候補に選出されて以降、17年間日本代表のアタッカーとして活躍。4年に1度のアジア競技大会に4大会連続出場し、計4つの銅メダルと1つの銀メダルを獲得。2010～2017年までセパタクローの本場タイのプロリーグに参戦。JFAこころのプロジェクトの「夢先生」など、講演活動も行う。

髙須 力 Tsutomu Takasu

1978年、東京都出身。JCII主催「水谷塾」3期生。2002年に独学でスポーツ写真を始める。サッカーを中心に様々な競技を撮影。ワールドカップは2006年ドイツ大会以降、4大会連続で取材中。ライフワークとしてセパタクロー日本代表を追いかけている。日本スポーツプレス協会、国際スポーツプレス協会会員。

岩本勝暁 Katsuaki Iwamoto

1972年、大阪府出身。2002年にフリーランスのスポーツライターになり、主にバレーボール、ビーチバレー、サッカー、競泳、セパタクローなどを取材。2004年アテネ五輪から2016年リオデジャネイロ五輪まで4大会連続で現地取材するなど、オリンピック競技を中心に取材活動を続けている。日本スポーツプレス協会、国際スポーツプレス協会会員。

寺島武志、
セパタクローに生きる

夢を跳ぶ。

2018年9月28日　初版第1刷発行

著者　髙須 力／岩本勝暁

発行人　石井聖也
編集　坂本太士／山岡佳久
営業　片村昇一
発行所　株式会社日本写真企画
〒104-0032
東京都中央区八丁堀 3-25-10
JR 八丁堀ビル 6 階
(03) 3551-2643
デザイン　草薙伸行 ●Planet Plan Design Works
DTP　村田 亘 ●Planet Plan Design Works
印刷・製本　シナノ印刷株式会社

ISBN 978-4-86562-078-8　C0095　¥1000E
Printed in Japan